100

Clés pour tout Savoir

LA MÉTÉO

100
Clés pour tout Savoir
LA MÉTÉO

Clare Oliver

Consultant scientifique : Clive Carpenter
Adaptation française : Claude Dovaz

GRÜND

Adaptation française : Claude Dovaz
Secrétariat d'édition : Hélène Souchon

ISBN 2-7000-2742-6
Dépôt légal : janvier 2004
PAO : Tifinagh
Imprimé en Chine

Loi n° 49-956 du 16 juillet 1949
sur les publications destinées à la jeunesse

Sommaire

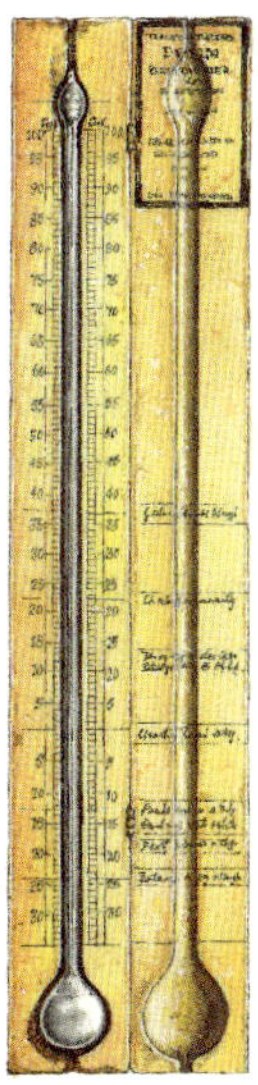

Qu'est-ce que le temps ?

1 **Le climat et les caprices du temps influencent largement** le choix de nos vêtements, de notre nourriture et de nos boissons. La flore et la faune peuvent souffrir d'une humidité ou d'une sécheresse prolongées. Le temps qu'il fait dépend de ce qui se passe dans l'atmosphère au-dessus de nos têtes. Dans certaines parties du monde, le temps change souvent d'un jour à l'autre, dans d'autres il est presque toujours constant.

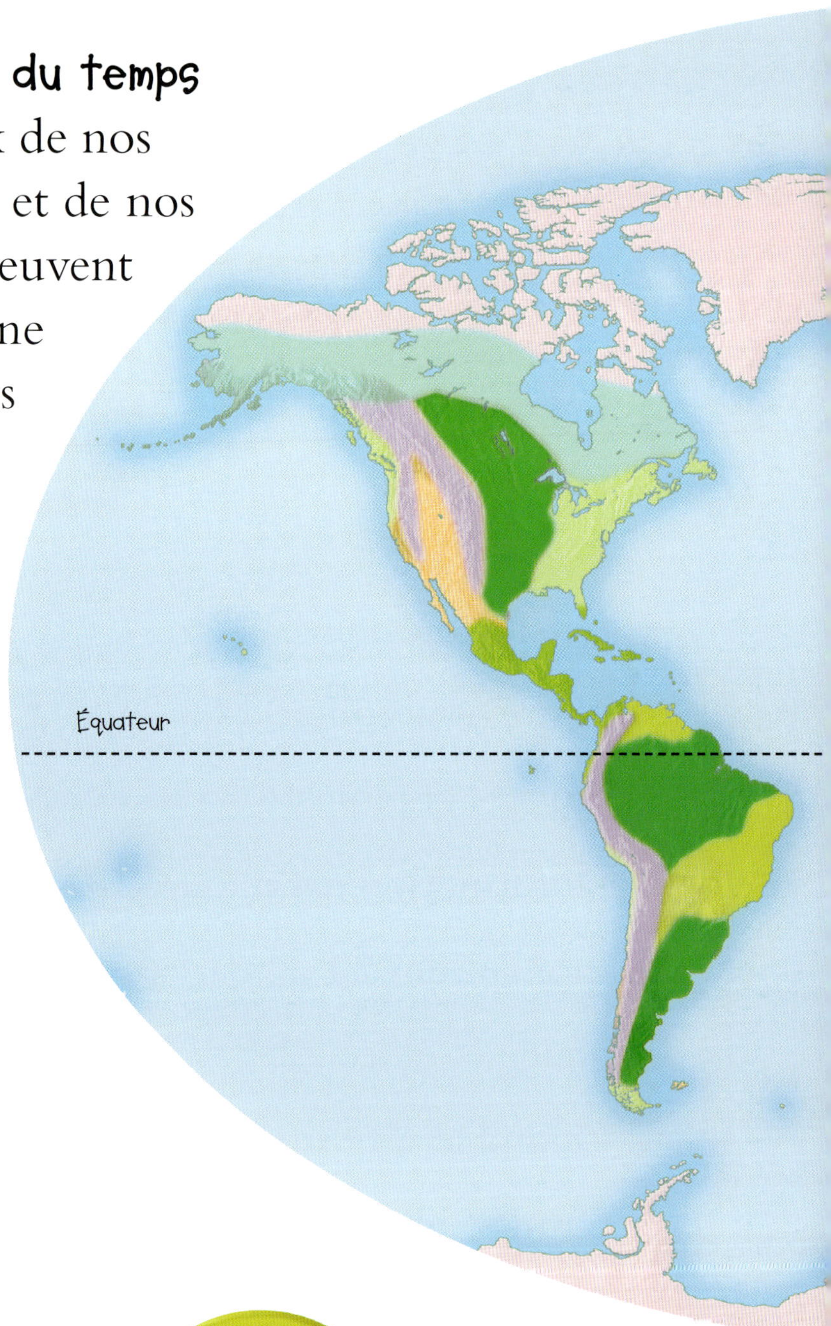

2 **On distingue trois types principaux de climats.** Près de l'équateur, où le temps est principalement chaud et humide, règne le climat tropical. Près du pôle Nord et du pôle Sud, la terre est couverte de glace toute l'année et les tempêtes de vent et de neige sont fréquentes : c'est le climat polaire. La plus grande partie du monde jouit d'un climat tempéré avec une alternance de saisons chaudes et froides.

Végétation tropicale.

Forêt tropicale.

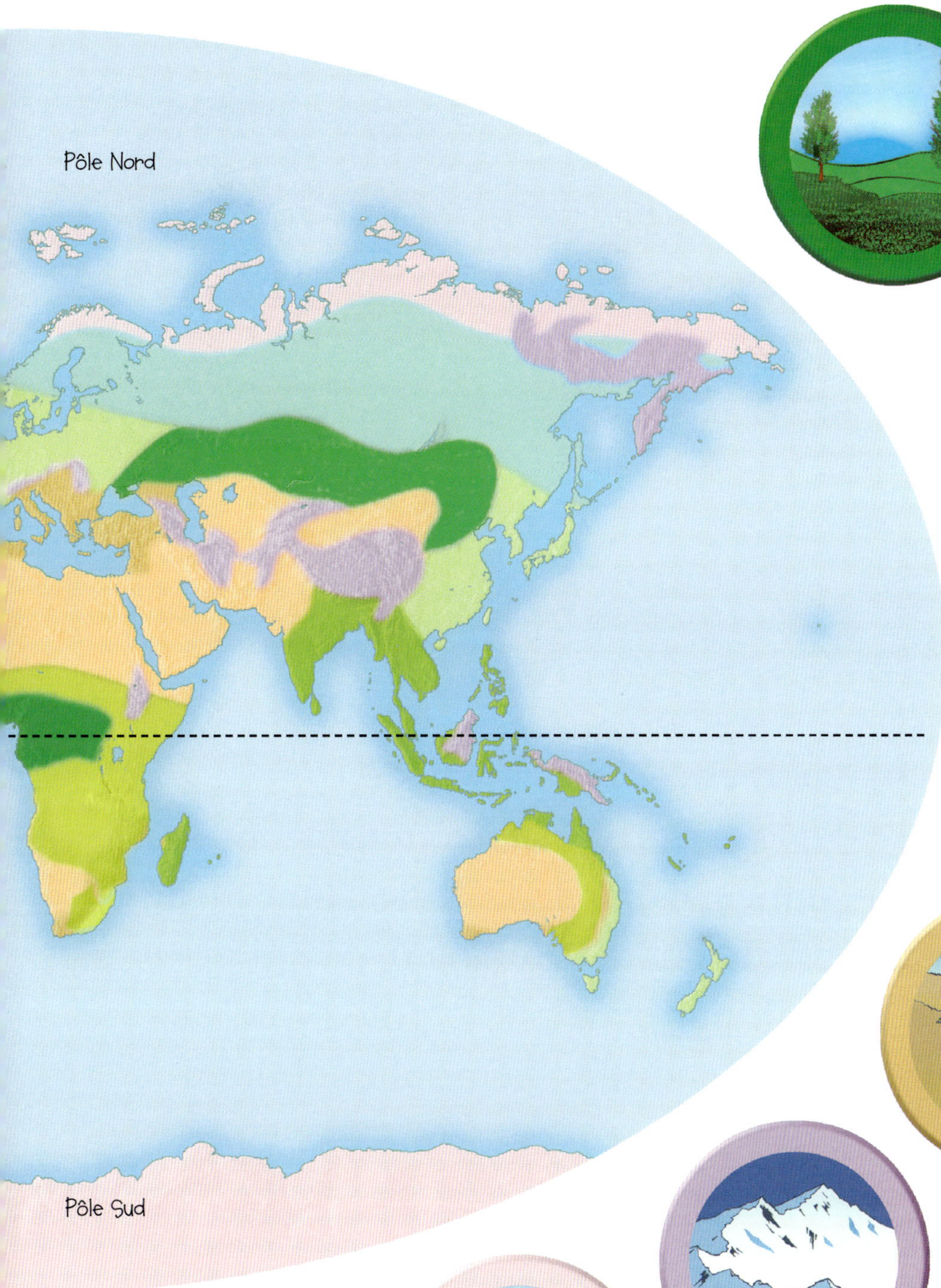

Climat tempéré froid (prairie et steppe).

Fôret de conifères (taiga).

Climat tempéré humide.

Climat tempéré sec.

Climat montagneux.

Climat polaire.

Climat désertique.

▲ La couleur des vignettes correspond aux différents climats figurant sur la mappemonde. Le plus chaud se trouve à proximité de l'équateur. Plus on s'éloigne de cette ligne imaginaire en direction des pôles, plus le climat est froid.

Les quatre saisons

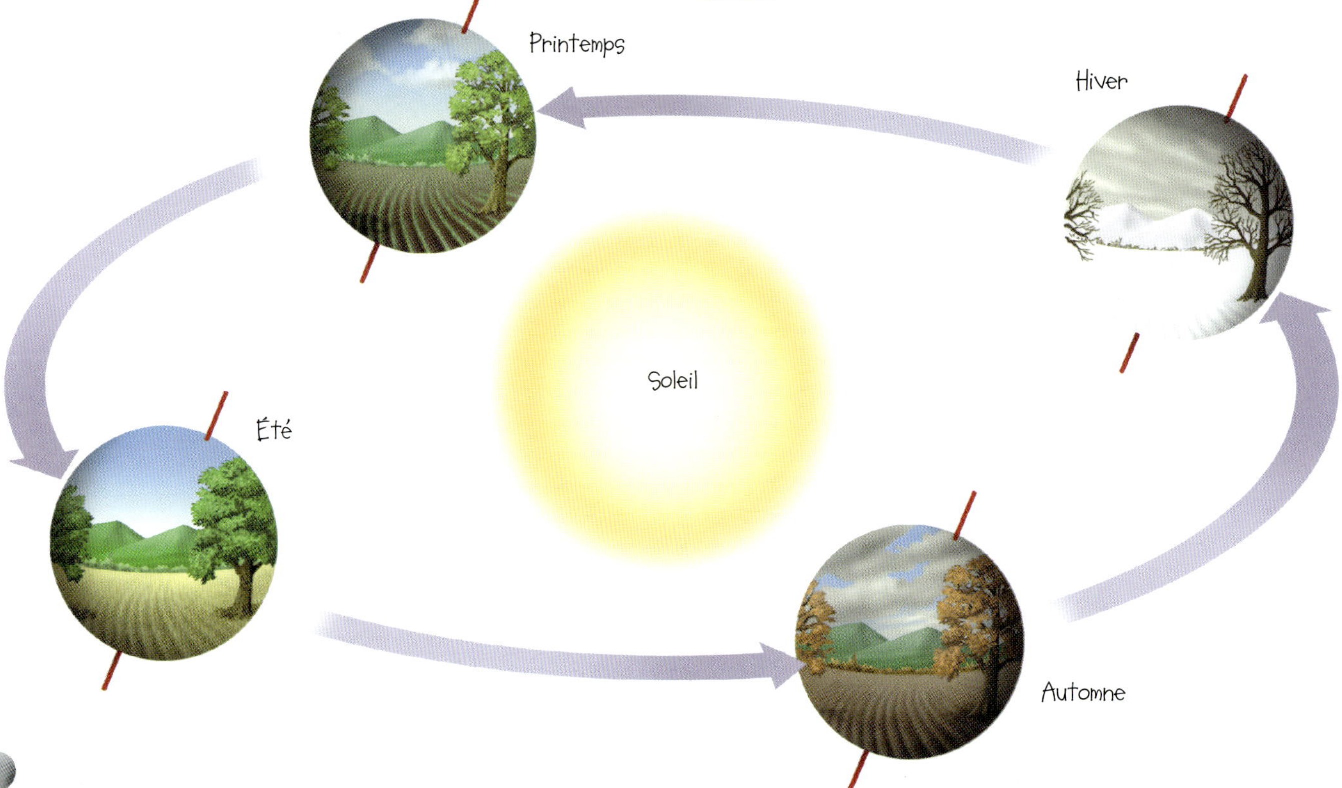

3 L'origine des saisons se trouve dans l'espace. Notre planète, la Terre, se déplace dans l'espace autour du Soleil et décrit une orbite en une année. L'axe de la Terre étant incliné, ses pôles sont orientés successivement vers le Soleil, ce qui provoque l'alternance des saisons. En juin par exemple, le pôle Nord est le plus proche du Soleil. Celui-ci chauffe l'hémisphère boréal où c'est donc l'été.

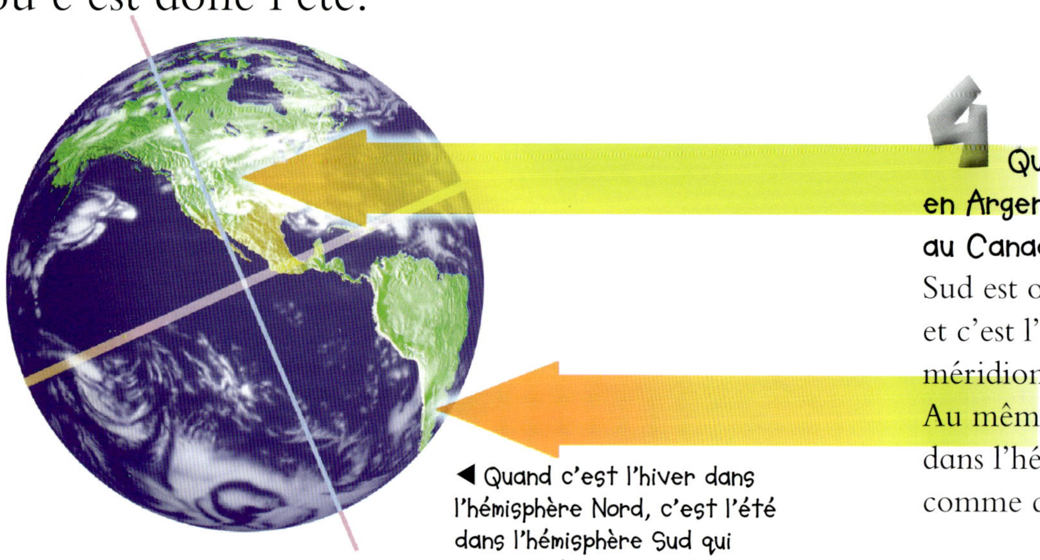

◀ Quand c'est l'hiver dans l'hémisphère Nord, c'est l'été dans l'hémisphère Sud qui est incliné vers le Soleil.

4 Quand c'est l'été en Argentine, c'est l'hiver au Canada. En décembre, le pôle Sud est orienté vers le Soleil et c'est l'été dans l'hémisphère méridional, comme en Argentine. Au même moment c'est l'hiver dans l'hémisphère septentrional, comme au Canada.

5 **Une journée peut durer 21 heures !**
La rotation de la Terre sur elle-même provoque l'alternance du jour et de la nuit. Au milieu de l'été, le pôle Nord est si incliné vers le Soleil qu'à Stockholm, par exemple, le Soleil disparaît au-dessous de l'horizon pendant trois heures, seulement à la Saint-Jean.

▲ Au pôle Nord, lors du solstice d'été, le soleil ne disparaît jamais au-dessous de l'horizon.

▼ En automne, les arbres à feuilles caduques perdent leurs feuilles, les autres restent verts toute l'année.

LE SAVIEZ-VOUS ?

Quand le Soleil, loin au nord, ne se couche pas, la nuit dure 24 heures loin au sud.

6 **La forêt change de couleur en automne.**
Après l'été, les arbres à feuilles caduques se préparent à la rigueur des mois d'hiver en pompant la chlorophylle accumulée dans les feuilles : leur couleur vire du vert au rouge, à l'orange puis au brun avant qu'elles ne tombent sur le sol.

Deux saisons seulement

7 La mousson est un vent chargé d'humidité. Des trombes d'eau tombent sur les tropiques en été : le Soleil réchauffe la mer et l'évaporation provoque la formation de masses de nuages qui, poussés vers le continent par la mousson, engendrent des pluies qui peuvent s'abattre pendant des semaines.

▶ Quand la pluie très abondante ne cesse de tomber, les rues deviennent des torrents et parfois, les maisons sont même emportées par les flots.

LE SAVIEZ-VOUS ?

En Inde, il est arrivé que la mousson ait apporté 26 000 mm d'eau en une seule saison !

8 La mousson est un phénomène surtout asiatique, mais certaines parties des Amériques ont aussi une saison abondamment pluvieuse. Le vent pousse des nuages chargés d'eau qui provoquent des pluies torrentielles sur les déserts du sud-ouest des États-Unis où elles inondent le terrain littéralement cuit pendant la saison sèche.

9 **De nombreuses régions tropicales n'ont que deux saisons et non quatre.** Elles se trouvent à proximité de l'équateur, cette ligne imaginaire qui partage la Terre en deux hémisphères. Le climat y est toujours torride, car elles font constamment face au soleil. Pourtant, le mouvement de la Terre, modifie la position des masses de nuages. En juin, les régions tropicales au nord de l'équateur ont les pluies les plus abondantes. En décembre, c'est le cas de celles au sud de l'équateur.

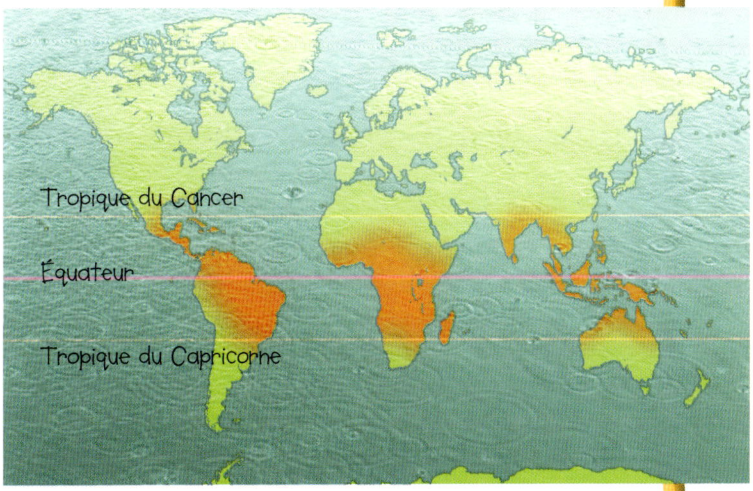

▲ Les tropiques s'étendent de part et d'autre de l'équateur jusqu'au tropique du Cancer, au nord, et du tropique du Capricorne, au sud.

10 **Dans la forêt tropicale, il pleut tous les jours, toute l'année.** Il y a bien une saison dite « sèche », mais elle est encore plus humide !

▼ La végétation tropicale luxuriante bénéficie de pluies quotidiennes.

Quelle fournaise !

11 **Toute notre chaleur vient du Soleil.** Le Soleil est une étoile (une boule de gaz en fusion). Il émet des rayons de chaleur qui atteignent la Terre après avoir parcouru 150 millions de kilomètres dans l'espace.

QUIZ

1. Combien de saisons sous les tropiques ?
2. Quel est le continent le plus frappé par la mousson ?
3. Quel est l'endroit le plus chaud de la Terre ?
4. El Niño est-il un vent ou un courant océanique ?

Réponses :
1. Deux 2. l'Asie
3. Al Aziziyah, en Libye 4. Un courant

12 **Le Sahara est la région la plus ensoleillée.** Ce désert d'Afrique du Nord a eu jusqu'à 4 300 heures d'ensoleillement annuel ! Les Touaregs qui y vivent se couvrent entièrement de vêtements pour s'en protéger.

13 **L'endroit le plus torride est Al Aziziyah, en Libye** : 58° C à l'ombre, assez chaud pour cuire un œuf !

▶ Les peuples du désert se couvrent de la tête aux pieds pour protéger leur peau et leurs yeux du soleil et du sable.

▼ Un mirage est un phénomène optique qui s'observe dans les déserts et produit l'illusion de la présence d'un objet éloigné.

14 Le Soleil peut tromper notre vision. Quand les rayons lumineux traversent des couches d'air à des températures différentes, ils peuvent être diffractés et nous avons l'impression de voir des choses qui n'existent pas : c'est un mirage. Par exemple, ce qui ressemble à une étendue d'eau peut n'être que la réflexion d'une partie du ciel.

15 Un soleil trop abondant provoque la sécheresse. Quand les récoltes souffrent du manque d'eau, les hommes et les animaux souffrent de la faim.

16 La sécheresse peut être à l'origine de tempêtes de sable. Quand la végétation disparaît, le sol, qui n'est plus retenu par les racines, devient poussière et est soulevé par le vent. Cela s'est produit dans les années trente aux États-Unis où des fermes furent emportées.

▶ Dans les années 1930, des tempêtes de vent et de sable ravagèrent les terres de pionniers.

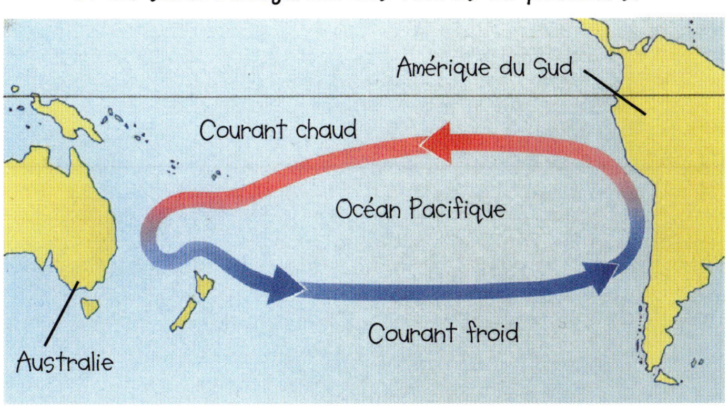

17 Un courant marin peut provoquer des incendies de forêt. Le courant nommé El Niño aurait été responsable de tempêtes de vent terribles à l'origine d'incendies de forêt qu'il fut impossible de maîtriser.

◀ El Niño se reproduit en moyenne tous les quatre ans.

Notre atmosphère

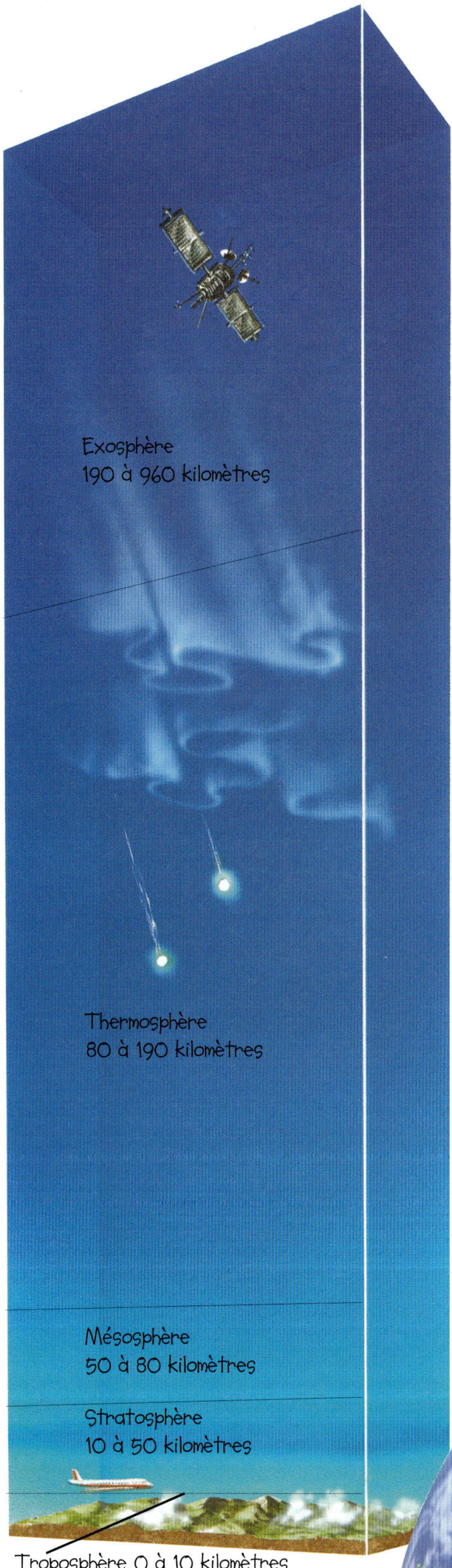

18 Notre planète est entourée d'une masse d'air, l'atmosphère. Elle s'étend sur plusieurs centaines de kilomètres au-dessus de nos têtes. La nuit, l'atmosphère retient la chaleur emmagasinée pendant la journée. À l'inverse, elle joue le rôle d'un filtre solaire pendant la journée. L'étude des mouvements à l'intérieur de l'atmosphère, qui permet les prévisions du temps, est la météorologie.

19 La plupart des phénomènes météorologiques naissent dans la troposphère, partie de l'atmosphère qui va du sol jusqu'à une altitude d'environ 10 km. Plus on s'élève dans la troposphère, plus l'air est froid et c'est là que se forment les nuages. Ceux dont la surface supérieure est plate se trouvent à l'endroit où la troposphère rejoint la couche suivante nommée stratosphère.

◀ L'atmosphère s'étend jusqu'à l'espace. On la divise en plusieurs couches comme la troposphère et la stratosphère.

▼ La Terre est entourée par l'atmosphère qui nous protège de l'ardeur dangereuse des rayons solaires.

20 **L'air ne peut jamais rester immobile.**

L'air ne peut jamais rester immobile. De petites particules nommées molécules ne cessent de se heurter. Plus elles se heurtent, plus la pression de l'air est élevée. Il se produit plus de heurts dans la troposphère car la gravité fait tomber les molécules vers la surface de la Terre. Plus on s'élève, plus la pression diminue et moins l'air contient d'oxygène.

▶ En altitude, l'oxygène est raréfié. C'est pourquoi les alpinistes portent parfois des masques à oxygène.

Hautes pressions

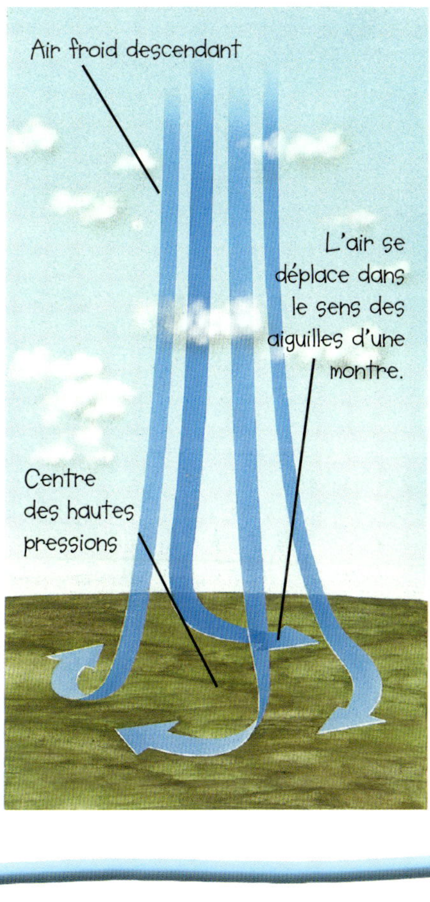

Basses pressions

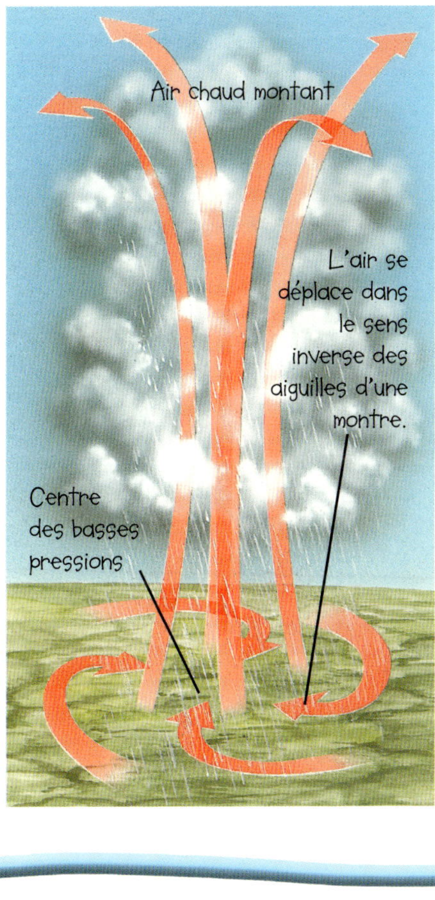

21 La chaleur provoque le mouvement de l'air.

La chaleur provoque le mouvement de l'air. Quand les molécules sont chauffées par le rayonnement solaire, elles accélèrent et se dispersent : l'air devient plus léger, il s'élève et sa pression diminue. Plus il monte, plus il refroidit : les molécules ralentissent, deviennent plus lourdes et commencent à retomber vers la Terre.

◀ À hautes pressions, le temps est plus chaud. Inversement, à basses pressions, le temps est plus frais et plus instable.

Nuages et pluie

22 **La pluie vient de la mer.** Quand le Soleil chauffe la mer, de la vapeur d'eau s'élève dans l'atmosphère. En montant, elle refroidit et forme les gouttelettes d'eau qui engendrent les nuages. Les gouttelettes s'agglomèrent en des gouttes de plus en plus lourdes qui finissent par tomber en pluie. Celle-ci se perd dans le sol, mais une grande partie retourne à la mer. Tel est ce que l'on nomme le cycle de l'eau.

▶ Le cycle de l'eau concerne toutes les étendues d'eau. De la vapeur d'eau s'élève au-dessus des lacs, des rivières et des mers, et forme des nuages dans l'atmosphère.

PLUVIOMÈTRE

Accessoires :

Bocal à confiture, marqueur indélébile, règle graduée, carnet, stylo à bille.

Placez le bocal en plein air.
Chaque jour, marquez le niveau de l'eau recueillie.
À la fin de la semaine, videz le bocal.
Mesurez et notez la quantité journalière d'eau et celle de toute la semaine.

23 **Certaines montagnes sont si hautes que leur sommet se perd dans les nuages.** Quand de l'air se heurte au flanc d'une montagne, il est poussé vers le haut et refroidit : c'est ainsi que des nuages se forment.

◀ L'air chaud remonte le flanc des montagnes. À une certaine altitude, l'humidité de l'air forme des nuages.

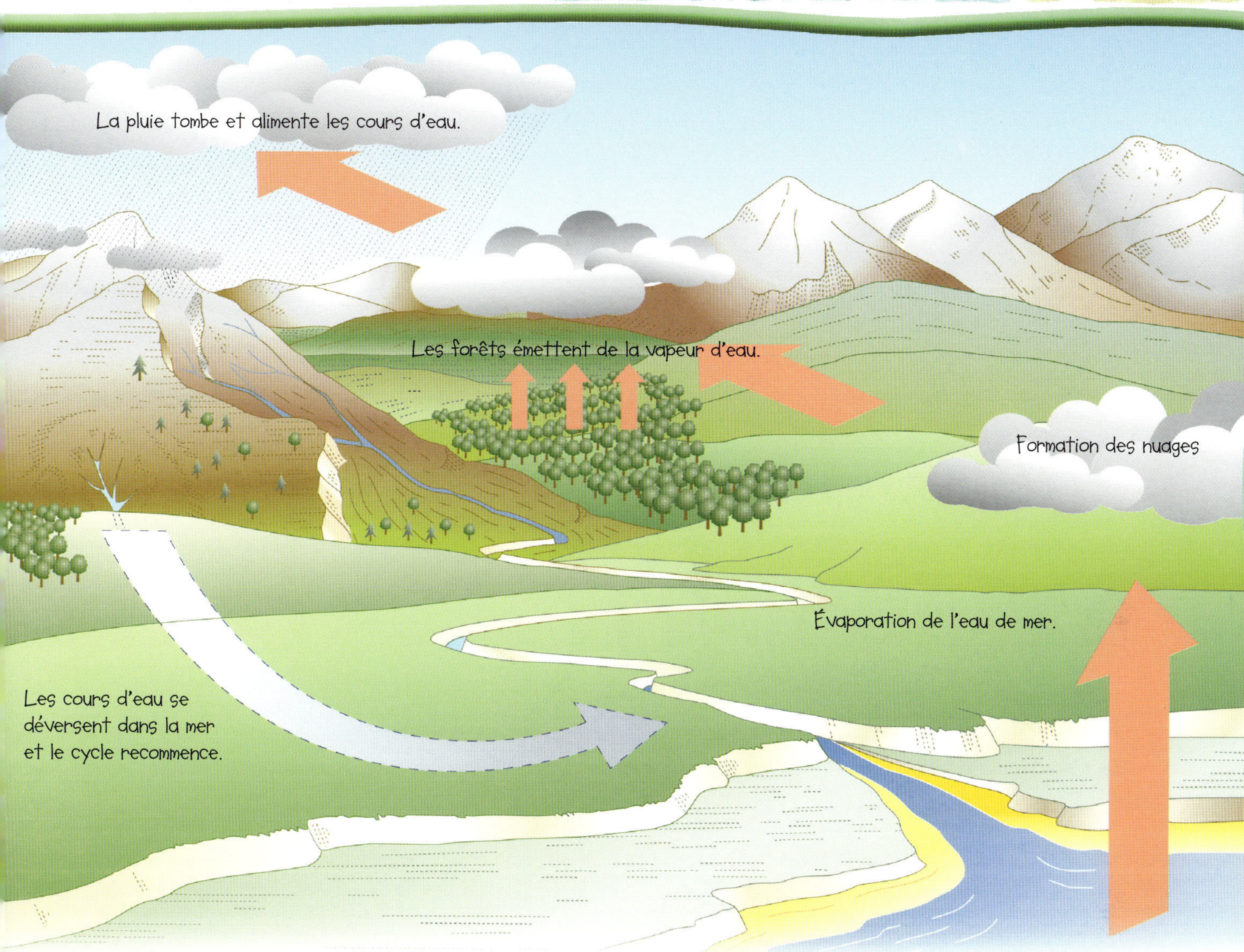

▼ La disparition soudaine d'un rideau de pluie se produit quand les gouttelettes d'eau s'évaporent en atteignant une couche d'air extrêmement sec.

24 **Une partie de la pluie peut n'atteindre jamais le sol.** Les gouttes de pluie s'évaporent si elles atteignent une couche d'air extrêmement sec. On peut voir la pluie tomber des nuages comme un rideau qui se déroule, et disparaître miraculeusement.

25 **Les nuages absorbent la chaleur** et contribuent à régulariser la température de la Terre. Ils peuvent absorber une énergie de 60 watts pour chaque parcelle de sol de 2 mètres carrés.

La formation des nuages

26 **Il existe de nombreuses tailles et formes de nuages.** On en distingue dix types principaux, selon la silhouette et l'endroit du ciel où ils se forment. Les Cirrus, qui ont un aspect floconneux, se forment haut dans la troposphère et donnent rarement de la pluie. Les Cumulus (entre 2 000 et 6 000 m), qui ont une base plate et un sommet arrondi, donnent une pluie torrentielle ou des orages. Les Stratus (à environ 500 m) forment une couche uniforme et peuvent donner une pluie fine ou de la neige.

▶ Le nom des trois classes principales de nuages – Cirrus, Cumulus et Stratus – sont dus à un météorologue amateur anglais qui les a inventés dans les années 1800.

27 **Tous les nuages ne donnent pas de la pluie.** Les Cumulus humilis, les plus petits, sont cotonneux et ne donnent pas de pluie, mais ils peuvent s'agglomérer en grandes masses porteuses de pluie. Les plus gros Cumulus, nommés Cumulus congestus, peuvent donner des pluies torrentielles.

Les Cumulo-nimbus donnent des pluies torrentielles.

Les Cumulus peuvent donner de la pluie.

Les Cirrus se forment haut dans la troposphère.

Traînées dûes aux avions en vol.

Cirrostratus

28 Le ciel se couvre parfois de petits flocons blancs donnant au ciel un aspect pommelé. Il a fallu de grandes rafales de vent pour désagréger de plus gros nuages et former cette configuration. Un ciel pommelé est en général annonciateur de mauvais temps.

29 Tous les nuages ne sont pas d'origine naturelle. Les traînées que forment dans le ciel les avions en vol ont pour origine la vapeur d'eau issue des moteurs. Quand elle se trouve en présence d'air froid, elle se condense en cristaux de glace qui forment ces traînées familières.

JEU D'ASSOCIATION

Essayez d'associer le nom de ces cinq nuages à leur caractéristique

1. Altostratus	A. orages
2. Cirrus	B. bruine
3. Cumulo-nimbus	C. pluie continue
4. Cumulus	D. floconneux
5. Stratus	E. orages + grêle

Réponses:
1.C 2.D 3.E
4.A 5.B

Les Stratus peuvent donner un brouillard ou de la bruine.

Inondations

▲ Les inondations peuvent causer des dommages considérables aux bâtiments et à l'environnement.

30 Une surabondance de pluie provoque des inondations. On en distingue deux types : celles provoquées par des orages violents de courte durée et celles provoquées par une pluie tombant sans interruption sur une vaste étendue pendant des semaines et même des mois. Dans ce cas, les cours d'eau gonflent et finissent par sortir de leur lit. Les ouragans tropicaux peuvent aussi provoquer des inondations.

31 Il peut y avoir des inondations dans le désert. Quand une pluie diluvienne tombe sur un sol très sec, celui-ci ne peut l'absorber, et elle se répand sur une grande étendue.

◀ Une pluie diluvienne sur un terrain désertique crée des cours d'eau boueux. Quand l'eau se retire, la végétation pousse rapidement.

32 Le Déluge a véritablement eu lieu.

La Bible en parle et raconte comment Noé y échappa. On a récemment découvert une preuve de l'existence du déluge : une plage noyée à 140 mètres au-dessous de la surface de la mer Noire. On y a trouvé des ruines de bâtiments remontant à 5 600 av. J.-C. Il est aussi question du Déluge dans des sources mésopotamiennes et grecques.

▲ Selon la Bible, Noé a survécu au Déluge en construisant un grand bateau (l'Arche de Noé).

33 Les coulées de boue.

Quand l'eau de pluie se mêle à de la terre, elle peut provoquer des coulées de boue sur le flanc de montagnes dénuées de végétation pouvant les retenir. La pire coulée de boue connue a eu lieu en 1985 en Amérique du Sud : 230 000 habitants de la ville colombienne d'Armero furent ensevelis.

LE SAVIEZ-VOUS ?

Pour les Égyptiens de l'Antiquité, les crues annuelles du Nil étaient dues aux larmes de la déesse Isis qui pleurait l'assassinat de son époux Osiris.

▼ Les coulées de boue peuvent détruire entièrement des villages et même des villes.

Neige et glace

34 La neige est faite de petits cristaux de glace. Quand la température de l'air descend au-dessous de 0°C, les gouttelettes d'eau des nuages gèlent. En général, les cristaux ainsi formés s'agglomèrent pour former les flocons de neige.

LE SAVIEZ-VOUS ?

L'Antarctique est l'endroit le plus froid. On y a enregistré une température de – 89,2°C.

35 Il n'y a pas deux flocons de neige semblables : ils sont faits de la réunion de cristaux et chaque cristal est aussi unique qu'une empreinte digitale.La plupart forment une étoile à six pointes, mais il existe d'autres dispositions.

▲ Quand le vent est violent, la neige peut former de redoutables congères.

▶ Cristaux de glace observés au microscope. Un flocon est formé d'un amas de cristaux.

▶ Une avalanche accélère au fur et à mesure qu'elle descend.

38 **Les avalanches sont comme des boules de neige gigantesques.** Elles se produisent quand la neige est tombée en abondance sur une montagne. Le moindre mouvement ou même un bruit soudain peuvent les déclencher. En descendant, une avalanche ne cesse de grandir, au point d'ensevelir une ville entière.

39 **On peut prévenir une avalanche meurtrière à coups de fusil.** Le procédé consiste à provoquer de petites avalanches avant que trop de neige se soit accumulée, en prenant garde que personne ne se trouve sur leur trajet probable.

36 **La glace peut rester gelée pendant des millions d'années.** Aux pôles, il ne fait jamais assez chaud pour qu'elle fonde. Quand il recommence à neiger, la nouvelle neige se dépose sur la précédente, ce qui forme des couches très épaisses.

37 **Le verglas est un phénomène qui peut être très dangereux.** Il se forme quand du crachin ou de la bruine atteignent un sol gelé. On le distingue difficilement sur une route asphaltée, ce qui le rend redoutable notamment pour la circulation des automobiles.

▲ L'Antarctique est un désert de glace où règnent les formes les plus étranges.

Quand le vent souffle

40 **Le vent est de l'air en mouvement.** Il se déplace constamment entre des zones de hautes et de basses pressions. Plus la différence de température entre deux endroits est élevée, plus le vent est violent.

► Les vents dominants ont donné à ces arbres leur forme étrange.

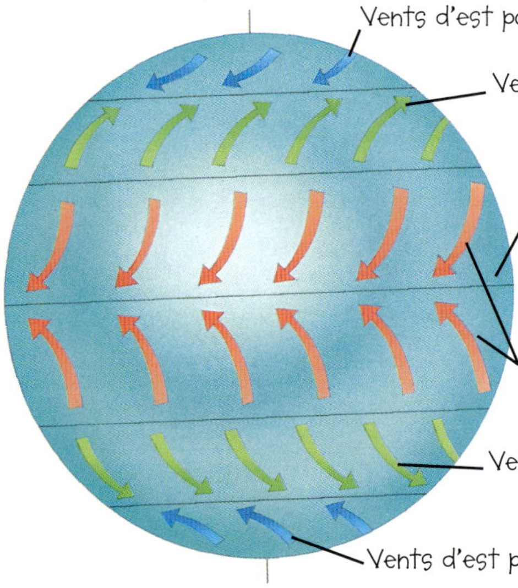

▲ Direction des principaux vents mondiaux

42 **Les vents ont été baptisés.** Les plus connus sont les alizés qui soufflent en direction de l'équateur. Certains vents régionaux sont célèbres comme le mistral et la tramontane du Midi de la France, le sirocco brûlant du Sahara et le fœhn de Suisse alémanique, de Bavière et d'Autriche.

41 **Les alizés sont des vents** qui soufflent en permanence des régions subtropicales vers l'équateur. Leur régularité a facilité autrefois la traversée de l'Atlantique par les voiliers.

QUIZ

1. Quelle est la température de congélation de l'eau ?
2. Qu'indique l'échelle de Beaufort ?
3. Que sont le mistral, le sirocco et le fœhn ?
4. Quelle est la forme la plus courante des cristaux de glace ?

Réponses :
1. 0°C 2. La force du vent
3. Des vents régionaux 4. Hexagonale

43 On peut évaluer la force du vent en observant les feuilles d'un arbre. L'amiral irlandais Beaufort a classé, en 1805, les vents selon une échelle qui porte son nom, allant de force 0 qui signifie le calme plat à force 12 désignant un ouragan.

▶ **L'échelle de Beaufort**

44 Le vent peut faire fonctionner votre TV. On peut utiliser la force du vent pour produire de l'électricité en installant des turbines au sommet de pylônes dressés dans des lieux venteux. Ces turbines sont couplées à des générateurs d'électricité.

45 Le vent peut rendre fou ! Le fœhn, qui souffle en Suisse alémanique, en Bavière et en Autriche, apporte un temps instable. On l'a rendu responsable d'accidents de la route et même de crises de folie.

Orages, éclairs et foudre

46 Les orages ont surtout lieu en été. Par temps chaud, de l'air chaud et humide monte dans l'atmosphère et forme des Cumulo-nimbus. Dans chaque nuage, les gouttelettes d'eau et les cristaux de glace se heurtent et acquièrent des charges électriques positives et négatives qui sont à l'origine d'éclairs qui chauffent encore l'air voisin. Les éclairs dégagent une telle chaleur que l'expansion brusque de l'air produit une détonation : le tonnerre. Les décharges électriques entre les nuages sont des éclairs, celles entre les nuages et le sol sont la foudre.

47 La couleur des éclairs varie.

S'il y a de l'eau dans un nuage orageux, l'éclair est rouge, s'il y a des grêlons, il est bleu. On voit aussi des éclairs jaunes ou blancs.

▼ Un paratonnerre permet de protéger cette église de la foudre.

▶ Éclairs spectaculaires illuminant le ciel.

48 Les édifices peuvent être protégés de la foudre.

Les clochers et les édifices hauts sont souvent frappés par la foudre. Celle-ci peut endommager l'édifice et électrocuter ceux qui sont à l'intérieur. Un paratonnerre dressé au sommet conduit la décharge électrique dans le sol.

49 On peut survivre à la foudre.

Cette puissante décharge électrique est en général mortelle. Un garde forestier américain nommé Roy Sullivan assure avoir survécu sept fois à la foudre.

UN BON TRUC

Éclair et tonnerre naissent simultanément, mais la lumière va plus vite que le son. Comptez les secondes entre la première et le second puis divisez par trois pour connaître le nombre de kilomètres vous séparant de l'orage.

50 Les grêlons peuvent avoir la taille d'un melon!

Ces morceaux de glace sont rarement très lourds. Les plus gros jamais observés, au Bangladesh en 1986, pesaient 1 kg!

▼ Un orage de grêle peut couvrir le sol de petits grêlons.

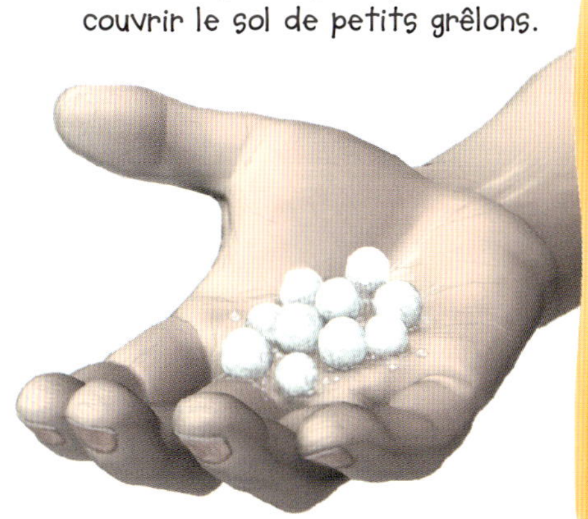

L'œil du cyclone

51 Certains vents se déplacent à des vitesses dépassant 120 km/h. De violents orages tropicaux - les cyclones - ont lieu au-dessus des mers chaudes quand des vents très forts soufflent dans des zones à basse pression et commencent à tourner sur eux-mêmes. Ils accélèrent jusqu'à atteindre les terres. Ces orages sont caractérisés par des pluies diluviennes.

LE SAVIEZ-VOUS ?

Le nom des orages tropicaux varie, par exemple typhon (Asie du Sud-Est et Japon), cyclone (Antilles) ou hurricane (Amérique centrale).

52 Le centre du cyclone (son « œil ») est parfaitement calme. La pluie et les vents terrifiants s'interrompent dans les zones survolées par l'œil du cyclone.

▼ Tournoiement d'un cyclone autour de son « œil », observé par un satellite.

▶ Chasseur de cyclone au travail

53 Les « chasseurs de cyclones » volent près de l'œil. Ces avions spéciaux pénètrent dans les orages tropicaux pour recueillir des données précieuses pour prévoir la route du cyclone. Les pilotes risquent leur vie, mais leurs observations permettent d'en sauver d'autres.

▲ Littoral ravagé par les vagues dues à un typhon.

54 **Les cyclones et autres orages tropicaux portent aussi des prénoms.** Le plus dévastateur, Andrew, a ravagé les côtes de Floride en 1992.

55 **Les orages tropicaux soulèvent des vagues immenses.** Celles déferlant sur le littoral provoquent des dégâts considérables. En 1961, les vagues dues au cyclone Hattie ont emporté la ville de Belize, en Amérique centrale.

56 **Des typhons ont sauvé le Japon de Gengis Khan.** Au XIIIe siècle, le grand conquérant mongol tenta à deux reprises d'envahir le Japon mais à chaque fois un terrible typhon empêcha sa flotte d'y parvenir.

▶ Des typhons empêchèrent Gengis Khan d'envahir le Japon.

Les tornades

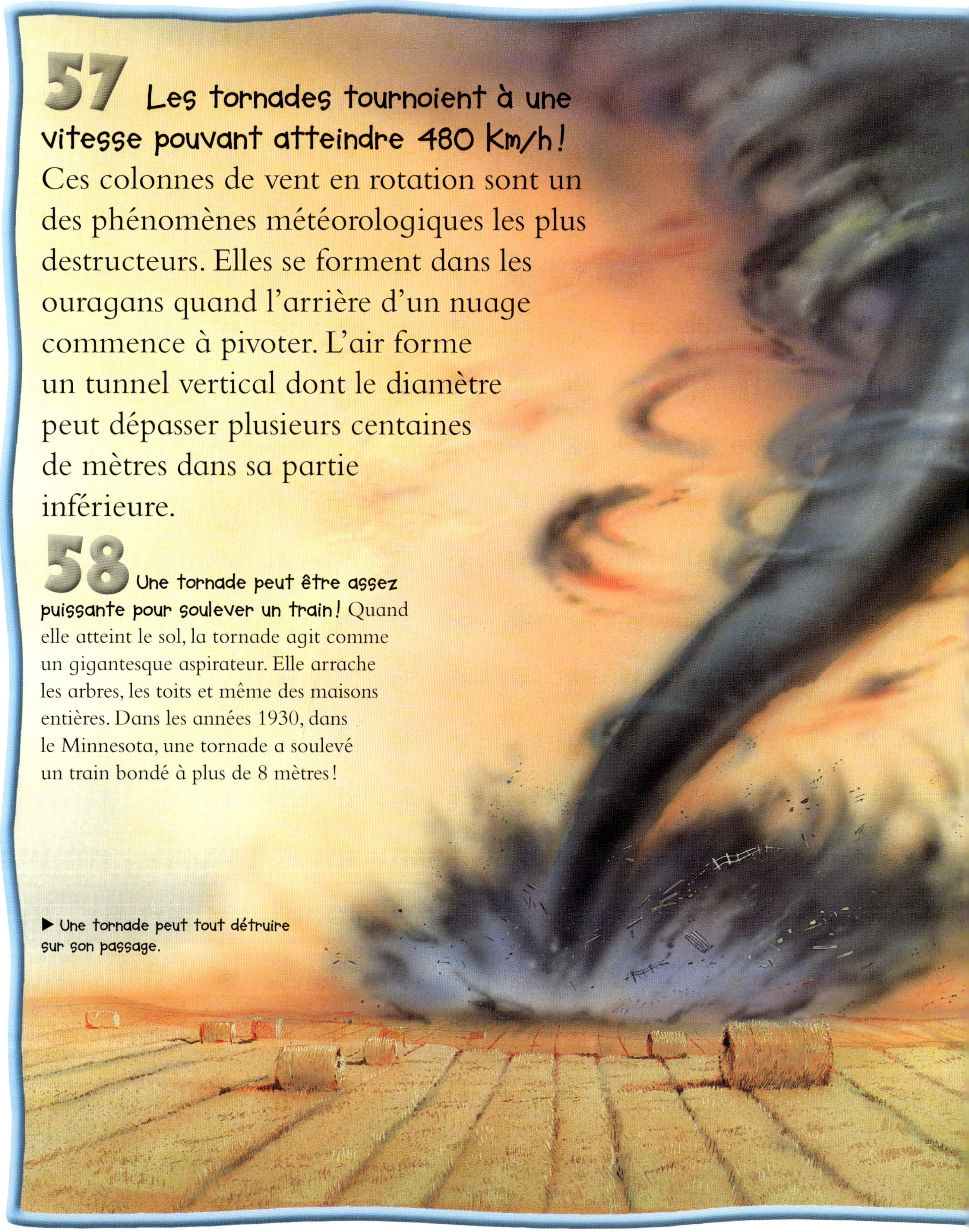

57 Les tornades tournoient à une vitesse pouvant atteindre 480 Km/h! Ces colonnes de vent en rotation sont un des phénomènes météorologiques les plus destructeurs. Elles se forment dans les ouragans quand l'arrière d'un nuage commence à pivoter. L'air forme un tunnel vertical dont le diamètre peut dépasser plusieurs centaines de mètres dans sa partie inférieure.

58 Une tornade peut être assez puissante pour soulever un train! Quand elle atteint le sol, la tornade agit comme un gigantesque aspirateur. Elle arrache les arbres, les toits et même des maisons entières. Dans les années 1930, dans le Minnesota, une tornade a soulevé un train bondé à plus de 8 mètres!

▶ Une tornade peut tout détruire sur son passage.

59 L'allée des tornades.

59 **L'allée des tornades.** C'est une région des États-Unis où les vents chauds soufflant du golfe du Mexique rencontrent les vents polaires, ce qui provoque de violentes tornades. Ce phénomène peut se produire partout dans le monde quand les conditions nécessaires sont réunies.

▲ Région des États-Unis où des centaines de tornades se produisent chaque année.

60 **Une tornade peut élever, au-dessus d'un lac ou d'une mer, une colonne d'eau pivotante.** L'eau aspirée par une tornade pivote plus lentement qu'une tornade de vent, la densité de l'eau étant beaucoup plus grande que celle de l'air.

LE SAVIEZ-VOUS ?

Certains prétendent avoir observé en Écosse le monstre du Loch Ness. Ce qu'ils ont vu pourrait être l'eau soulevée par une trombe : une petite tornade.

▲ Une trombe d'eau peut aspirer les poissons !

61 **Les tourbillons de poussière sont les tornades du désert.** Elles peuvent soulever en un instant des tonnes de sable.

▶ Tourbillon de poussière dans un désert.

Belles lumières

62 Les arcs-en-ciel sont faits de la juxtaposition des couleurs du spectre. Ils sont provoqués par la décomposition de la lumière solaire par les gouttes de pluie qui agissent comme un prisme en verre. La lumière solaire est blanche, mais elle est composée de l'ensemble de ces couleurs.

VOUS EN SOUVENEZ-VOUS ?

Les couleurs de l'arc-en-ciel, dues à la décomposition de la lumière solaire par des gouttelettes de pluie, sont les suivantes : **violet, indigo, bleu, vert, jaune, orangé et rouge.**

63 Deux arcs-en-ciel peuvent apparaître simultanément. Celui du haut est la réflexion de celui du bas, et l'ordre de ses couleurs est par conséquent inversé.

64 Certains arcs-en-ciel apparaissent la nuit. Ils sont provoqués par la décomposition des gouttes de pluie à travers la lumière lunaire, elle-même réflexion de la lumière solaire.

▲ Les arcs-en-ciel dus au brouillard sont blancs avec parfois des nuances bleues en bas et rouges en haut.

65 **Les saints ne sont pas seuls à bénéficier d'une auréole.** Quand on regarde la Lune ou le Soleil à travers un rideau de cristaux de glace, ils semblent entourés par une auréole lumineuse que l'on appelle un halo.

66 **Trois soleils dans le ciel !** On voit parfois un point brillant de part et d'autre du Soleil, souvent associé à un halo. Il est dû au passage de la lumière dans des cristaux de glace en suspension.

▼ L'aurore polaire : le phénomène lumineux naturel le plus étonnant.

▶ Les faux soleils de part et d'autre du vrai sont associés à un halo.

67 **Certains arcs-en-ciel sont simplement blancs.** Cela se produit quand la lumière solaire traverse un brouillard. Les gouttelettes d'eau sont trop petites pour faire office de prisme.

▲ Un halo est un cercle lumineux entourant le Soleil ou la Lune.

68 **Les aurores polaires sont des rideaux de lumière suspendus dans le ciel.** Bleues, rouges ou jaunes, elles se produisent dans les régions proches des pôles quand des particules électriques du Soleil bombardent les couches supérieures raréfiées de l'atmosphère.

Adaptation au climat

69 Les dromadaires peuvent ne pas boire pendant deux semaines. Ils sont adaptés à un climat très chaud et sec. Ils ne transpirent pas avant que leur température corporelle n'atteigne 40°C. Leur bosse, comme celles des chameaux, est une réserve de graisse, une énergie utile quand la nourriture et l'eau sont limitées.

70 Les lézards éliminent le sel par le nez. La plupart des animaux le font par l'urine, mais, comme les iguanes et les gekkos, ils habitent des régions très sèches, et il leur faut donc perdre aussi peu d'eau corporelle que possible.

71 Même certains crapauds peuvent survivre dans le désert. Le pélobate vit enfoncé dans le sol la plus grande partie de l'année. Il ne se risque à la surface qu'après une averse.

QUIZ

Arrangez les lettres pour trouver le nom de plantes supportant un climat très sec.

1. EFGUIRI ED ABAIBIRRE
2. SCUYTPALEU
3. ABBABO
4. CUTCAS

Réponses :
1. Figuier de Barbarie 2. Eucalyptus
3. Baobab 4. Cactus

▶ Sous la fourrure blanche, la peau de l'ours polaire est noire pour absorber la chaleur du Soleil.

72 **La peau des ours polaires est noire.** Ces plantigrades ont plusieurs moyens de résister au climat polaire : grosse réserve de graisse, fourrure épaisse et peau noire pour absorber autant de chaleur solaire que possible.

◀ Ces animaux se sont adaptés au climat très sec. Pourtant ils vivent dans des déserts très éloignés les uns des autres.

73 **Le pic à dos noir accumule des glands pour l'hiver.** Les animaux des régions tempérées doivent se préparer à survivre pendant les mois d'hiver. Les pics à dos noirs emmagasinent des glands dans les troncs d'arbre. En automne, quand les glands sont mûrs, ils en récoltent le plus grand nombre possible et les placent dans des trous qu'ils forent dans l'écorce.

▶ Accumuler des glands permet au pic à dos noir de survivre aux rigueurs de l'hiver.

Les Dieux

74 Les peuples pensaient autrefois que le Soleil était un dieu. C'était le plus grand de tous les dieux du Panthéon car il leur apportait la lumière, la chaleur et faisait mûrir leurs cultures. Pour les Égyptiens, le dieu du Soleil, Râ, était le créateur de l'univers et le père de tous les autres dieux. Celui des Aztèques, Huitzilpochtli, leur avait même indiqué l'endroit où édifier leur capitale.

75 Les Vikings pensaient que le tonnerre était la voix d'un dieu. Thor était le dieu de la guerre et du tonnerre. Ils le représentaient comme un géant à la barbe rousse brandissant un marteau qui lui servait à déclencher les éclairs et la foudre.

◀ Thor était le dieu du tonnerre des peuples scandinaves.

▲ Le dieu solaire égyptien, Râ, était souvent représenté avec la tête d'un faucon.

76 Les hurricanes portent le nom d'un dieu. Le dieu créateur des Mayas qui habitaient en Amérique centrale, région du monde la plus frappée par des hurricanes, était appelé Huracan.

77 Des totems ont été élevés en l'honneur du tonnerre.

77 Des totems ont été élevés en l'honneur du tonnerre. Des tribus indiennes d'Amérique du Nord dressaient des totems décorés avec l'image de l'esprit du tonnerre pour l'apaiser, car il était aussi celui de la pluie salvatrice.

▶ Totem indien d'Amérique du Nord représentant l'esprit du tonnerre et de la pluie.

78 Danser pour appeler la pluie. Dans des régions très chaudes, comme en Afrique, on dansait pour qu'il pleuve. Le sorcier du village exécutait une danse rituelle, parfois sur un sol arrosé d'eau, et se servait d'instruments comme la machine à vent. Ce rituel est parfois encore pratiqué de nos jours.

◀ Sorcier dansant pour faire tomber la pluie.

UNE MACHINE À VENT AVEC UNE RÈGLE PLATE ET UNE FICELLE

Demandez à un adulte de percer un trou à l'extrémité d'une règle plate et attachez-y l'extrémité d'une ficelle. Dehors, faites tourner vivement la règle au-dessus de votre tête pour imiter le bruit du vent.

Les prévisions

▲ Le varech s'imprègne de l'humidité de l'air et peut servir d'hygromètre.

79 Les algues peuvent prédire le temps. Autrefois, les gens cherchaient dans la nature des moyens de prédire le temps. Par exemple, si des algues suspendues, comme ci-contre, restaient gluantes, l'air était humide et la pluie serait probable, si elles se recroquevillaient le temps serait sec.

80 Le ciel coloré en rouge au lever du Soleil annonce le beau temps. Au temps de la marine à voile, les marins croyaient qu'une aurore couleur sang serait suivie par une matinée de beau temps. Pourtant, rien ne permet d'affirmer que c'est vrai.

LE SAVIEZ-VOUS ?

On croyait que les vaches mettaient bas quand la pluie était proche. Ce n'est pas vérifié, elles profitent aussi du soleil !

81 Les marmottes annoncent le temps quand elles sortent de leur sommeil hivernal. Aux États-Unis, les campagnards se rassemblent le 2 février pour les observer. Si l'on distingue leur ombre, il fera encore froid pendant 6 semaines. Bien entendu, ce n'est qu'une croyance infondée.

▼ Une aurore couleur sang et un lever de soleil rouge est un spectacle magnifique, mais rien ne permet d'affirmer qu'elle annonce une journée radieuse.

▲ La Lune est parfaitement visible la nuit quand le ciel n'est pas couvert. Elle est assez lumineuse pour éclairer légèrement la Terre.

82 Une lune brillante annonce des gelées.

Une lune brillante annonce des gelées. Cette vieille croyance n'est pas infondée, car la Lune est bien visible quand il n'y a pas de nuages, et un ciel nuageux empêche la chaleur de la Terre de se dissiper dans l'atmosphère, au moins pendant les mois les plus froids.

83 Le plus ancien rapport météorologique connu date de plus de 3000 ans.

Le plus ancien rapport météorologique connu date de plus de 3000 ans. On l'a découvert en Chine, inscrit sur un coquillage. Il mentionne quand il a plu ou neigé et quelle était la force du vent.

◀ Rapport météorologique chinois gravé sur coquillage.

Instruments et inventeurs

84 La Tour des Vents octogonale fut érigée il y a 2000 ans. Première station météorologique connue, elle contenait un anémomètre et une clepsydre (horloge à eau).

▲ La Tour des Vents, octogonale, fut édifiée à Athènes, vers 75 av. J.-C., par Andronicos. Ses côtés étaient orientés respectivement vers le nord, le nord-est, l'est, le sud-est, le sud, le sud-ouest, l'ouest et le nord-ouest.

85 Le baromètre fut inventé par un disciple de Galilée. Le baromètre est un instrument qui mesure la pression atmosphérique : la pression de l'air. Le premier à décrire la pression de l'air - et à construire en 1643 un instrument pour la mesurer - fut Evangelista Torricelli, disciple du grand homme de science, Galilée.

◀ Torricelli utilisa une coupelle de mercure placée sous l'extrémité ouverte d'un tube rempli de mercure. C'est la pression de l'air, c'est-à-dire le poids de la colonne d'air sur le mercure de la coupelle qui empêchait le mercure contenu dans le tube de descendre.

86 Les coqs placés au sommet des édifices verticaux sont des girouettes. Ils sont associés à un dispositif à quatre branches indiquant le Nord, le Sud, l'Est et l'Ouest. Le coq pivote sous l'action du vent et en indique la direction.

▶ Les girouettes en forme de coq se dressent souvent sur les clochers.

87 **Ces maisonnettes peuvent prédire le temps.** Elles contiennent un hygromètre : un instrument mesurant l'humidité de l'air. Quand elle est faible, le personnage symbolisant le beau temps sort sur le perron.

▶ Le mécanisme de l'hygromètre à cheveu, fait sortir l'une ou l'autre figurine selon l'humidité de l'air.

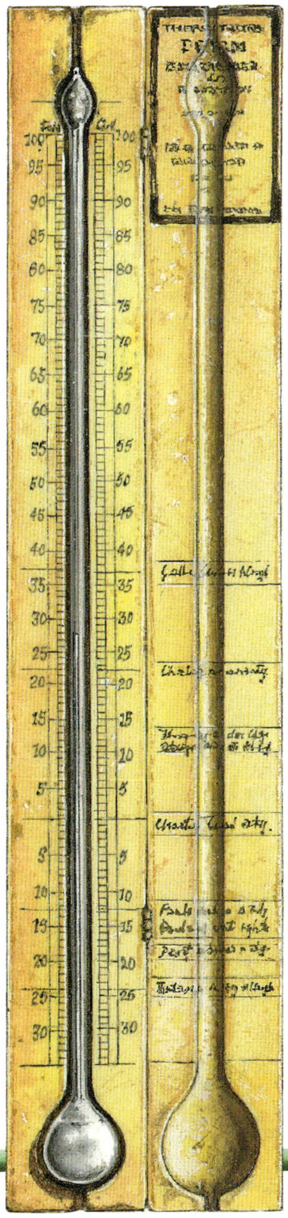

◀ Ancien thermomètre à mercure logé dans un bel étui en bois.

88 **Gabriel Daniel Fahrenheit** inventa, en 1709, un thermomètre à alcool basé sur la dilatation d'un liquide contenu dans un tube en verre scellé. En 1717, il remplaça l'alcool par du mercure puis, en 1742, le physicien suédois Andres Celsius remplaça la graduation de Fahrenheit par celle qui porte son nom et que l'on utilise encore aujourd'hui.

QUIZ

1. Quel est l'ancien nom du métal liquide appelé mercure ?
2. Que mesure un anémomètre ?
3. Qu'est-ce qu'une clepsydre et que mesurait-elle ?
4. Quelles sont les températures de congélation et d'ébullition de l'eau ?

Réponses :
1. Vif-argent 2. La vitesse du vent
3. Une horloge à eau pour mesurer l'écoulement du temps 4. 0°C et 100°C

Météo mondiale

89 La prévision du temps est le domaine d'une science, la météorologie. En observant les changements dans l'atmosphère et en les comparant à des données précédentes, les météorologues peuvent prédire le temps du lendemain et même à plus longue échéance. Mais les scientifiques peuvent aussi se tromper !

90 Les premiers réseaux météorologiques nationaux datent de la deuxième moitié du XIXe siècle. La marine de guerre de l'Empire français ayant perdu un navire dans une tempête, le mathématicien et astronome Urbain Le Verrier montra comment le mouvement de la tempête aurait pu être déterminé, ce qui aurait permis de dérouter et de sauver le navire. Peu après ce naufrage, en 1855, le premier réseau de stations d'observation météorologique au monde fut créé en France.

Triangle bleu = front froid

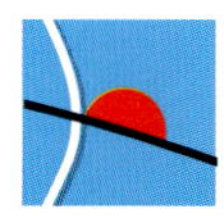

Demi-cercle rouge = front chaud

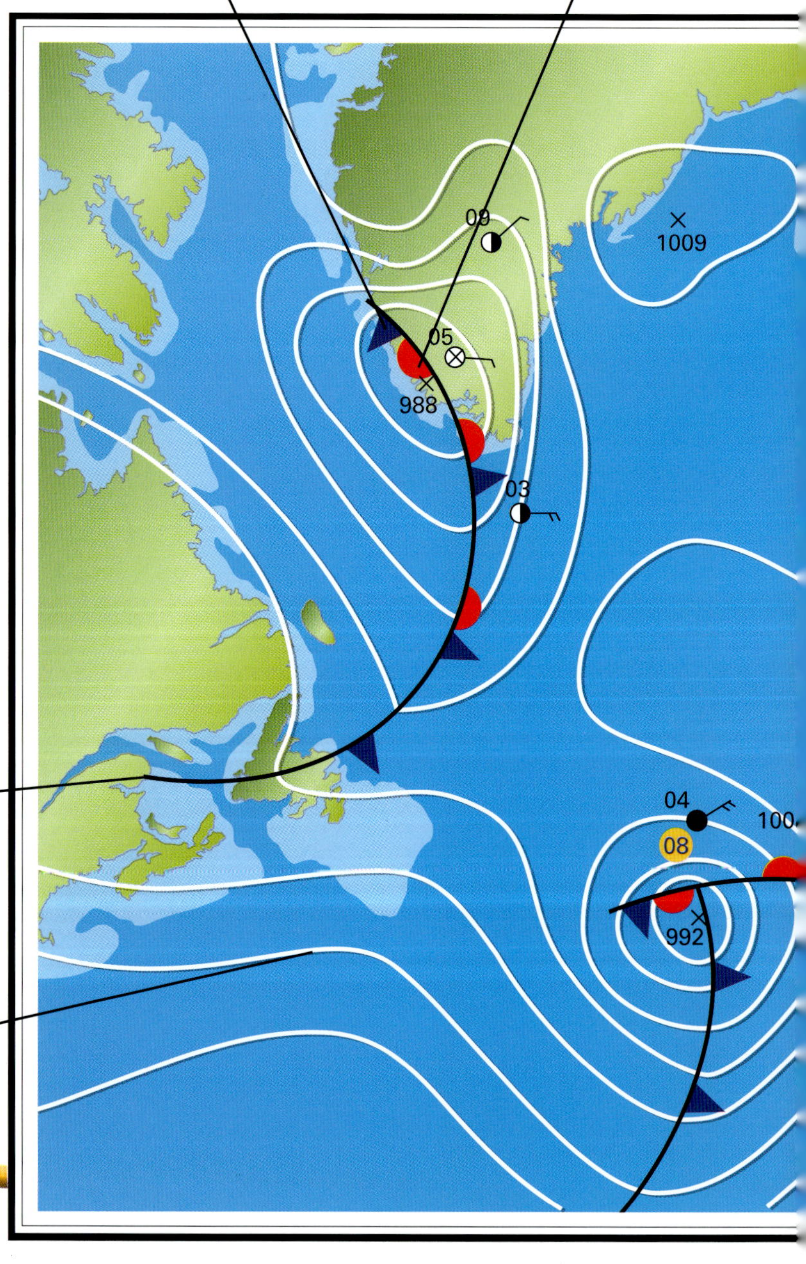

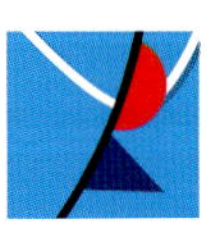

Les lignes noires avec des demi-cercles rouges et des triangles bleus représentent un front occlus – là où un front froid rencontre un front chaud.

Les lignes blanches sont des isobares : tracés des endroits où la pression d'air est la même.

TRACEZ VOTRE PROPRE CARTE

Vous trouverez ci-dessous et sur ces deux pages les symboles dont vous aurez besoin pour commencer. Vous les verrez sans doute dans les journaux et à la télévision.

91 **Les États ont besoin d'échanger des données sur le temps.** En 1865 déjà, 60 stations météorologiques européennes le faisaient. L'ONU a décidé, en 1947, de créer une organisation météorologique mondiale. Afin de se comprendre plus facilement, les spécialistes de la météo ont adopté, pour leurs cartes synoptiques, une série de symboles utilisée dans le monde entier. Grâce à l'Internet, ils peuvent maintenant échanger des renseignements en temps réel.

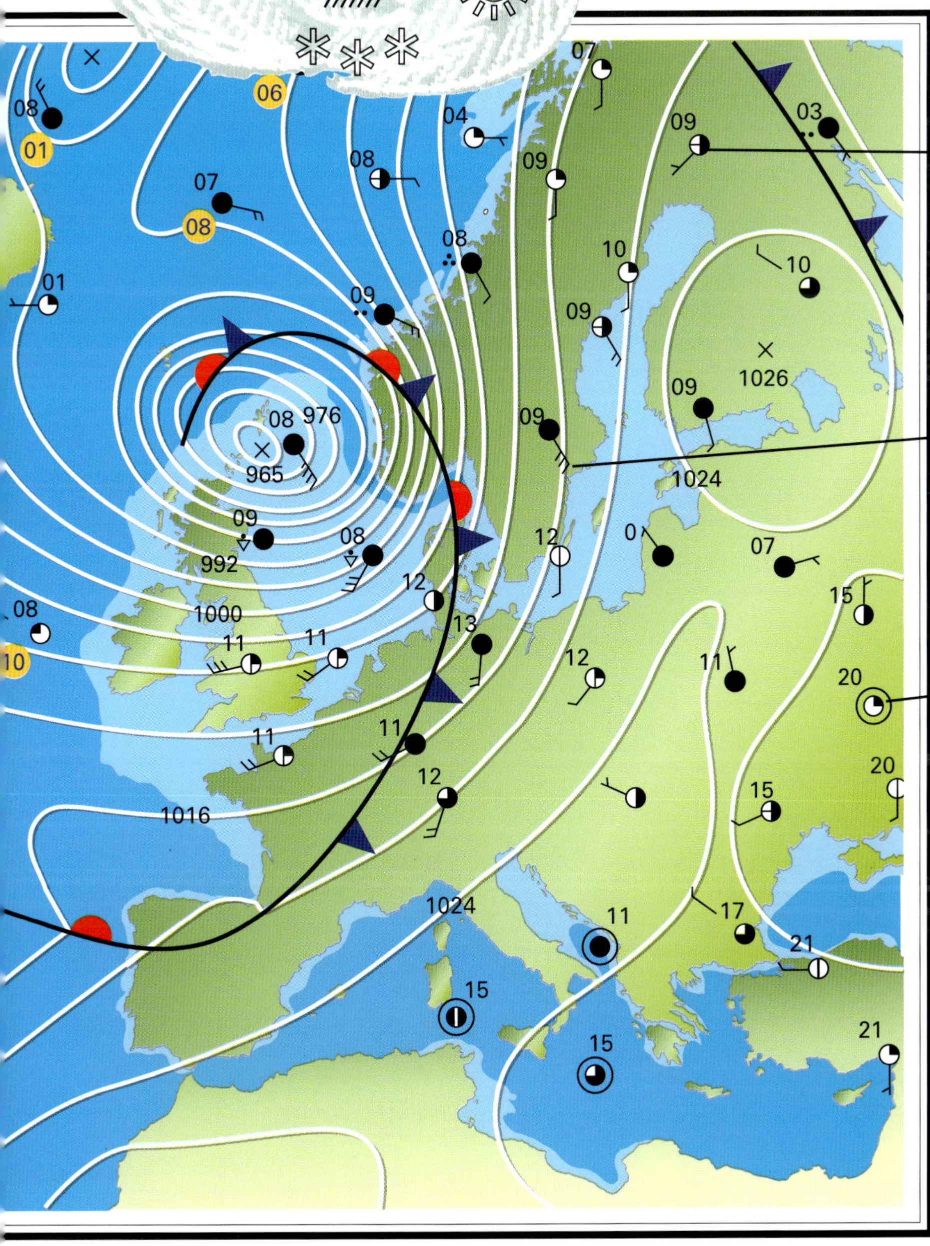

Symbole montrant la force du vent – le cercle montre l'importance des nuages.

Ce symbole signifie un vent très fort – remarquez les trois petites lignes attachées à la queue.

Cela signifie une zone calme avec une importante couverture nuageuse.

◀ Pour dresser leurs cartes synoptiques, les météorologues du monde entier se servent des mêmes symboles, qui forment en quelque sorte leur langage commun.

Observation du temps

92 Les ballons-sondes sont indispensables à l'étude du temps. Ces ballons gonflés à l'air chaud sont envoyés haut dans l'atmosphère. Au fur et à mesure de leur ascension, ils enregistrent des données sur la pression, l'humidité et la température de l'air. Les météorologues installés au sol reçoivent ces renseignements par signaux radio. Des centaines de ballons-sondes sont lancés chaque jour dans le monde.

▶ Un ballon-sonde emmène ses instruments scientifiques haut dans l'atmosphère.

93 Des avions spéciaux observent le temps. On recueille davantage de renseignements sur l'état de l'atmosphère avec des avions qu'avec des ballons-sondes. Celui-ci, baptisé *Snoopy* (fureteur), est un exemplaire de la flotte des avions météo de Grande-Bretagne.

▼ Le long nez de *Snoopy* contient des instruments pour analyser le vent au devant de l'appareil.

94 Les satellites contribuent à sauver des vies.

Les satellites contribuent à sauver des vies. Leur œil d'aigle leur permet d'observer des images météo étonnantes. Ils peuvent remarquer cyclones et typhons au moment même de leur formation au-dessus de l'océan et donner l'alarme.

LE SAVIEZ-VOUS ?

Certaines des meilleures photos météo ont été prises par des spationautes.

▲ Satellite météo prenant des photographies du temps sur la Terre.

95 Certaines stations d'observation flottent à la surface des océans.

Certaines stations d'observation flottent à la surface des océans. Elles mesurent la pression, la température et la direction des vents. Ces données sont transmises à des satellites qui les retransmettent aux stations météorologiques terrestres. L'observation de leur parcours a aussi une grande importance, car elles se déplacent sous l'effet des courants océaniques qui jouent un grand rôle sur le climat.

▶ Les courants océaniques entraînent les stations météo flottantes.

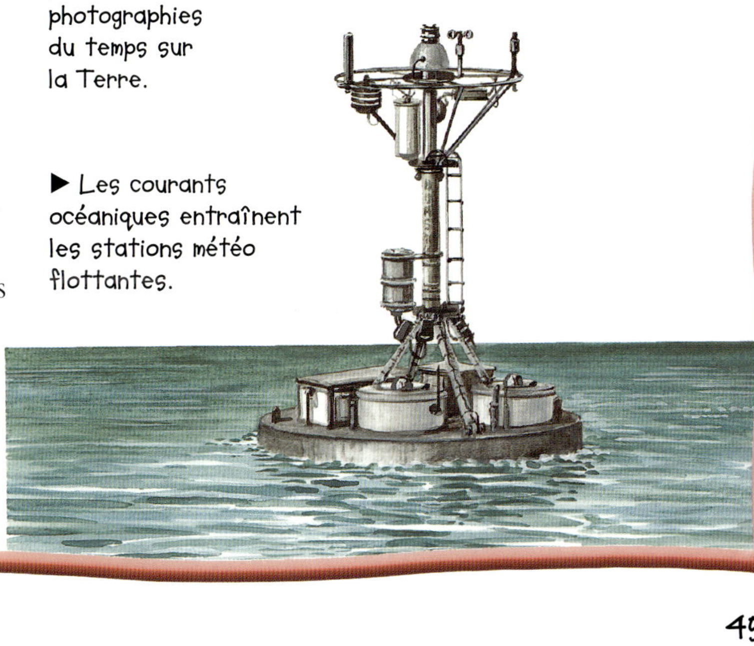

Changement du climat

96 Un bouleversement du climat provoqua la disparition des dinosaures, mais il n'y a pas d'accord sur ses causes. L'explication la plus vraisemblable est la chute d'un météorite géant qui aurait provoqué la formation d'un énorme nuage de poussière occultant le Soleil et plongeant le globe dans l'obscurité et le froid.

▼ Un météorite géant aurait-il provoqué un changement de climat ? Le cratère découvert dans le golfe du Mexique date de 65 millions d'années, époque de l'extinction des dinosaures. Peut-être la chute d'un météorite a-t-elle provoqué un changement de climat fatal aux dinosaures.

▼ Les Vikings s'installèrent sur la côte du Groenland dont l'intérieur était couvert de glace.

97 Le Groenland fut verdoyant ! Cette grande île, qui se trouve dans l'océan Arctique, est couverte d'une calotte de glace. L'île était froide à l'époque des Vikings, mais ceux-ci y créèrent deux colonies. Elles disparurent au XVe siècle quand le climat se refroidit.

98 Une éruption volcanique peut modifier le climat! Un volcan peut émettre des poussières qui occultent le Soleil. L'éruption, en 1815, du volcan indonésien Tambora provoqua la mort de 50 000 personnes et détruisit maisons et cultures dans un large périmètre.

◀ Comme toutes les plantes, les arbres absorbent du bioxyde de carbone et libèrent de l'oxygène. La déforestation provoque une augmentation du bioxyde de carbone dans l'atmosphère.

99 La déforestation peut modifier le climat. En Asie du Sud-Est et en Amérique du Sud, on brûle des forêts pour faire place aux cultures. Leur combustion émet du bioxyde de carbone, un gaz qui permet de conserver la chaleur de la Terre. Malheureusement, un excès de ce gaz provoque une élévation excessive de la température.

100 La température de l'air augmente. Les scientifiques estiment qu'elle pourrait croître de 1,5°C durant ce siècle. Cela peut paraître peu, mais entraînera plus d'orages, de cyclones et de tornades mais aussi un accroissement de la sécheresse.

QUIZ

1. Quelle est la cause probable de la disparition des dinosaures ?
2. Qui colonisa autrefois la côte du Groenland ?
3. Quel gaz les plantes absorbent-elle ?

Réponses:
1. La chute d'un météorite 2. Les Vikings
3. Du bioxyde de carbone

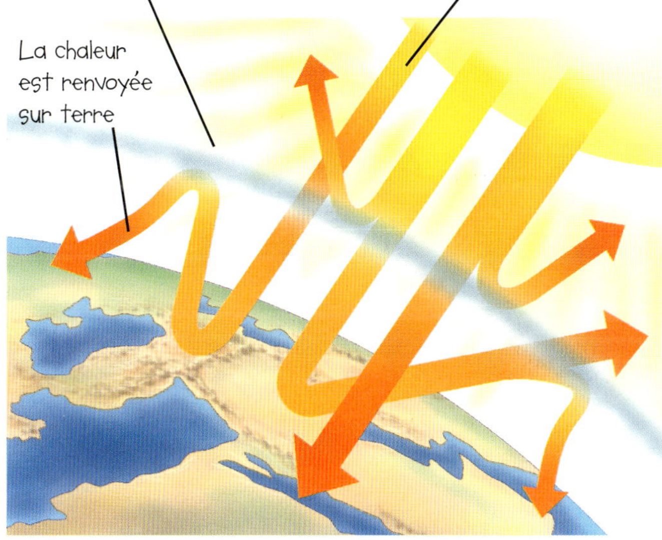

▶ Trop de bioxyde de carbone dans l'atmosphère crée un « effet de serre ». Ce gaz, comme le verre, retient la chaleur, d'où plus de tempêtes et une sécheresse accrue.

Index

Les folios en **gras** se rapportent aux illustrations.